名流詩叢 20

我們，在主內永生！

Nous, les immortels en Dieu!

你的著作豐富
像聖餐的葡萄酒
香醇、濃郁、清純、陶醉！

對，至友呀，
死在主內鮮活自信的人
沒有死去！

阿沙納斯·凡切夫·德·薩拉西 (Athanase Vantchev de Thracy) ◎ 著　李魁賢 ◎ 譯

目次

❶ 秋
AUTOMNE
致諾頓・霍奇

　　如果我不是樹

　　鳥何處可棲？

　　　　　　　——弗朗西斯科・阿蘇埃拉

　　樹葉火紅燦爛

　　這些莊嚴原始的孤獨時刻

　　黃昏時有無盡的燃燒味

　　平靜迎接

　　清爽的風迂迴而來。

　　諾頓，吾友，

　　讓我們從無拘無束優雅含淚起跑！

難道我們不依然

對書本極盡雙重喜悅，

其宮殿之華麗

我們終於可堂堂進入

不需粉飾假髮或塗妝面容？

那裡，在時間奢侈鍍金下

我們經營詩篇

那裡，我們總會明白

歷史河流短暫。

我們幹嘛要清除

森林和庭園倒木？

讓我們傾聽傳來的話語
有黑櫻桃、野草莓、
薄荷、山蘿蔔、金桔的
慶典氣味。

讓我們閱讀不朽詩人的詩句
有榛果、烤麵包、金合歡蜂蜜
和杏仁的溫馨芬芳。

讓我們等候舒爽雨水
驟來淋洗
使我們心情容易入睡。

不，諾頓，吾友，

心靈的詩

不知疲倦、天天操勞且無精打采，

忠實於群星語法，

每一季節都注視我們

使我們更輕鬆，

更真誠！

譯註：弗朗西斯科・阿蘇埃拉（Francisco Azuela, b. 1948），墨西哥著名詩人。曾擔任外交官。

❷ 旅人
VOYAGEUR

旅人呀

在我死後的

歲月裡

若妳遇到一個人

他愛神

加以崇拜，

就迎接他愛他！

旅人呀，告訴他

有一天，其他

虔誠的人住在這裡

充滿神聖的希望、幸福

苦難和眼淚！

那麼，告訴他，別哭

就放一朵風信子

在我墓碑上！

❸ 萬靈節
LA FÊTE DES MORTS

萬靈節，

我孤單面臨節日深淵，

我點亮蠟燭，跪下

大聲禱告

從孩童時代就衷心學習！

突然一陣寒顫，我聽到

曾經愛我的人

流暢的純粹聲音：

歡迎你，親愛的阿沙納斯，

我們在此，始終在此，

在你禱告的每個字句裡，

在蠟燭火焰的

每次顫動中。

主阿，可愛的光明之歌

多麼奇妙呀！

我親人的亡靈呀，讓我長時間

摩挲你們的名字！

❹ 納吉克・阿爾瑪萊喀
NAZIK AL-MALA'IKA

納吉克・阿爾瑪萊喀，我阿拉伯姊妹呀
今天早上我把白玫瑰放在
妳已經泛黃的
年輕少女時代畫像前！

妳已然撥開雲層
上升到群星世界！

我在閱讀時，又顫慄又神往，
妳的詩篇是用妳心靈的光編織！

如今妳淨化的家鄉
在我眠床翠綠森林內迴響，

鳥鳴和底格里斯河水

在我床單的潔白間流動。

星星、太陽和淚水

誕生妳不朽的詩

敲開我四週的圍牆

像一本書讚美

永恆！

啊，妳一切永垂不滅的思想，

納吉克呀，和我一樣

充分運用了活生生的語言！

原註：納吉克‧阿爾瑪萊喀（NAZIK AL-MALA'IKA,
1922～2007），伊拉克著名女詩人，阿拉伯
詩壇的自由詩開路先鋒。出生於巴格達文學
世家：母親是女詩人，父親是文學教授。她
十歲開始寫詩，展露才華。1944年畢業於巴
格達藝術學院，隨後獲威斯康辛大學比較文
學碩士。出版詩集有《夜的情人》（Ashiqat
al-Layl, 1947年）、《火花與灰燼, 1949》
（Shazaya wa Ramad）、《海底》（Qararat
al-Mawja, 1957）、《月樹》（shagrt al-
qamar, 1968）。阿爾瑪萊喀在許多中學和大
學執教。1970年復興黨掌權後，舉家離開伊
拉克，遷居科威特，直到1990年海珊入侵，
再遷移到開羅度過餘生。

❺ 呼喚
ÉVOCATION

我們會記得這個星球

　　　　　——維利耶・德・利爾-亞當

我們行走在夏日邊緣，

無言無語，安靜到

像蜻蜓在風微笑中飛行。

然後，黃昏時，我們

會坐在海邊嚮往

天空的深邃。

我們周圍的一切

無限美且溫柔

像孩童說的禱詞

在可愛的頭垂下之前

渴望睡覺的心情

什麼都不要，什麼都要！

原註：讓-瑪麗-馬蒂亞斯-菲利普-奧古斯特・維利
耶德・利爾・亞當（Villiers de l'Isle-Adam,
1838~1889），1846年受封為維利耶・德・
利爾・亞當侯爵，是法國作家、小說家、劇
作家、詩人。對法國象徵主義的興起，有重
要貢獻。他尊崇愛倫坡和波德萊爾，熱中華
格納，結交馬拉美。身為保皇黨貴族，卻毅
然投入美學的現代化。深知奇想虛幻脫離現
實，身為無悔的理想主義者，卻醉心於此，
甚為得意。不避黑色諷刺，為其特色。像其
他作家一樣，如馬拉美所說「把相當於夢想
和歡笑的兩種祕訣模式」加以組合。這種夢
想的概念（及其哲學大部份）是來自對愛倫
坡作品的理解。誠然，這是在鼓吹白日夢和
對往日幸福的夢想，要在反常的現實世界裡
把握「我」的聲音。愛倫坡認為藉由夢，可
以發現真誠與自由的狀態。於今他最著名的
作品是《殘酷的故事》（1883年）。

❻ 祈禱
SUPPLICATION

山嶺籠罩在永恆的冰雪中

膜拜光明

——趙鼎權

旅人呀，

我沒有墓，

我的心在紫色的

罌粟花萼內，

我的靈歇息在

野地雛菊的

純白裡。

把我的甜蜜回憶

鎖在妳大悲的

金櫃內吧！

釘上我蔚藍詩篇

讓我純粹的文字

抱著妳假日便服！

原註：趙鼎權（조정권，1949年2月22日生於首
　　　爾），韓國詩人兼文學評論家。以作品精
　　　純、熱中於玄學著稱。

❼ 忘我
AU-DELÀ DE NOUS-MÊMES

致 *Nokolaï Doboš*

海灣始終藍得像開始戀愛。

———阮氏瓊軒

夜展開，溫文儒雅延伸

而心靈就是光和安靜。

柔情把嘴唇貼到

情人的嘴唇上

採收心中純潔的疑問。

外面，似皆浮在靜態空氣中！

啊，發亮的愛情奇蹟！

我們如此相愛，不嫌多，
身體擁抱祕密的溫柔！

秀美薰衣草的淡淡幽香
使屋內舒暢令人陶醉！

孤立、純粹、震動時刻
以迷人聲音包圍
很古老悲痛的微妙版圖
生與死的密切結合！

如今，在愛撫暴風雨後寧靜
魂飛魄散，讓我們呼吸

花園裡舞動的草香

以及楓樹新葉不倦的

音樂！

原註：瓊軒（Xuân Quỳnh, 1942～1988）是越南著
名女詩人：作品深具抒情性，與其個人遭遇
息息相關。其優美詩篇大都被譜曲。年少失
怙，由祖母扶養長大。1955年獲選入中央藝
術團，訓練舞蹈。在國外巡迴公演幾次後，
引起對文學愛好。1967年加入越南作家協
會，在第三屆會員大會上，被推選為理事。
1973年與音樂家丈夫離異，與詩人劇作家琉
廣武再婚。1978年起擔任《新作品》編輯。
1988年8月29日在海陽鎮富良橋發生車禍，
同車丈夫與子劉瓊詩同時遇難。

❽ 精準
ACRIBIE

> *Ada chinchin berisi bunga,*
> *Bunga berladong si-ayer mata*
> 戒指雕花
> 花濺淚
>
> ——馬來民歌

I

這些字—罕見、無價、和諧相配—
啟發我、感動我,
呼喚我、照明引導我!

我願以金匠精雕細琢來賦詩,
嚴密準確注意細節,

讓我雕琢作品小心翼翼
像鑿井人挖掘進入到
亢旱大地的心臟。

語句愉悅、文字透明純粹，
詩行音調鏗鏘
傳達情誼的海浪音韻
有令人傾心的雅緻！

II
似此適度懷念已然和
或許未然之事，以絕對精準，

感性決斷，鏤刻在
我們激動回憶的大理石上！

似此平靜語音的精鋼劍
貿然開啟孤獨心靈悄悄奉獻
雕刻出與透明文本密切時間。

然而，以優雅刻劃瞬間的愛
持續多少永生
而苦心經營亮麗、精彩、
嚴謹又細膩的歌
比聖經讚美詩更加動人。

原註：精準，古希臘字 ακρίβεια，指精確、縝密。
表示作品品質最嚴謹、極為準確。

馬來民歌班頓（pantun），為馬來人的傳
統詩歌形式。馬來西亞國土329,750平方公
里，人口28,250,000。

鑿井人職業在挖井和護井，通常有一、兩位
助手，需防致命的崩坍和陷落意外。如果
挖不到水源，必須求助探測水脈。常需安裝
絞盤，讓鑿井人升降，搬運挖土。

❾ 這些日子
IL EST DES JOURS

這些日子，滿懷悲傷，

早上起床時，

開窗，無力的手

抓住白天

礦物般默默無語。

然而，

被歲月狂暴撕裂的心，

渴望溫暖熱情的話，

大量的瑣碎微物

無法感觸的珍品，

是生命的意義和成就。

為何
空氣有時颯颯不停，
在白頭翁歡心起舞時
卻保持沉默？

連結世界運動不息的
友誼巧妙對位法，
清明思想的和聲在哪裡？

晶瑩紅寶石華服
帶有櫻桃色反光，
透過優雅顯示

詩文的深層寧靜，

變成何等甜蜜回憶？

我拉開窗簾，

回到書滿為患的書桌，

翻開《日本魂武士道》

沉浸入璀璨的

幻想中！

原註：《武士道》是日本作家新渡戶稻造（1862～
1933）著作。有感於明治維新時代，日本國
家古代習性日漸喪失，他決定寫此書重振
武士道精神。書中頌揚日本武士七德目（譯
按：似應為八德目，即義、勇、仁、禮、
誠、名譽、忠義、克己）。美國羅斯福總統
讀到此書，留下深刻印象，據說購買許多
本分贈友人，並體認到日本小國居然能於
1904～1905日露戰爭中擊敗堂堂俄羅斯大國
英勇表現的道理。

❿ 燈籠果之歌
LE CHANT DES PHYSALIS

Disse ao meu coração : Olha por quantos

Caminhos vãos andámos!...

他對我心說：看我們

走過多少冤枉路……

———肯塔爾　十四行詩〈交響詩〉

（Solemnis Verba）

你哭了，小王子，在你孩童淚中

燃起南方之火，我受傷的心奔逃

全部融合一體：我們的眼睛、生命、

夏天、牡丹血、頑固的話，！

原註：燈籠果（Physalis）名源自希臘字*phusalis*，
意思是囊包，狀似聖杯。茄科酸漿屬多年
生草本植物，源自美洲。花通常為單獨腋
生。花冠周圍呈鮮橘色杯狀，似燈籠，用於
花藝。其果實（包覆在杯凹處）通常有毒，
但有些品種，熟時可食，味美，甚至可做裝
飾用。在魁北克，常稱為灌木櫻（cerises de
terre），在其他法語地區亦稱愛籠（amours
en cage）。

肯塔爾（Antero Tarquínio de Quental, 1842～
1891），葡萄牙詩人、哲學家、作家。著作
豐富，為葡萄牙語發展跨出一大步。與葡萄
牙詩人卡蒙斯（Luís Vaz de Camões, 1524-
1580）和博卡熱（Manuel Maria Barbosa du
Bocage, 1765-1805）並稱。

⓫ 無限歲時
CES JOURS SANS MESURE

致德拉福斯

我愛你，小王子，就像那些
受到極度絕望濃蔭傷害的人，
無保留的疼惜和悲哀，
隱藏在流泉話語的面罩下。

不顧一切命運，我順河徜徉於
遍佈奇花異卉的山谷，
啊，淚水不斷混合時間與泥土
藍色氣味，新舊韻律。

心懷謙卑，我愛你無異於
新教聖徒由衷崇拜基督，
狀如亮麗天使身披紫袍

使用天仙子花色的兒童腰帶。

純粹、千古不變的愛

溫柔如教堂唱詩班的歌聲！

原註：德拉福斯（Charles de La Fosse, 1636~1716），
法國畫家。有一位珠寶商發現他有繪畫天
份，讓他進勒布倫（Le Brun）門下習畫，表
現傑出，深受古典主義影響。1662年獲得路易
十六世獎學金，前往義大利浸潤大師作品，
在羅馬兩年、威尼斯三年，甚為喬爾喬尼、
提香、巴薩諾、韋羅內塞、丁托列托的畫所
感動。他探求畫作要傳達的原理和效果，發
現著色和明暗方法，付之實施。學成回國，
立即享譽法國，其才華似屬18世紀威尼斯或
佛蘭德斯畫派，深諳色彩和技巧祕訣。

天仙子屬茄科草本植物，在歐洲有兩種：白
色天仙子長在地中海盆地周圍，黑色天仙子
廣布各地。二者均有毒，含有各種生物鹼，
例如阿托品、莨菪鹼和東莨菪鹼，但毒性低
於含較大量相同生物鹼的曼陀羅或顛茄。天
仙子可治牙痛，有阿波羅尼亞聖草之稱。天
仙子（Jusquiame – Hyoscyamus）是拉丁字
和希臘字的混合，類似「黃豆豬肉」。典出
奧德賽故事，女巫喀耳刻（Circée）用含天
仙子的藥物，給尤利西斯的同伴吃，使變成
豬。尤利西斯因赫耳墨斯（Hermès）給予解
藥而倖免。

⓬ 痕跡
TRACES

致貝爾納諾斯

任何小事都逃不過上帝旨意
正如一滴水包容天地。

———貝爾納諾斯

雪地上黃昏濃酒
和鳥在絲絨上新留下細小痕跡！

這麼多年後
痕跡在我模糊記憶裡依然鮮明！

我突然想到所有痕跡
在我心裡活躍起來：
孩子炯炯眼光望著廢街角落，

散魂傾注入吊燈
在故世老鄰居臉上映出條紋，
加爾默羅會編年史家闔眼
在垂滅蠟燭搖晃火舌下！

痕跡！有那麼多痕跡在我思想角落：
我數學老師寫在黑板的方程式，
在詩行中間充滿音韻的文字，
我堂兄弟在失調的鋼琴上
彈奏無名旋律，母親的聲音，
父親燦爛的沉默無言。

恐怖的痕跡在我未發育的胸臆
留下布列塔尼傳奇故事

阿姑念給我聽的，特別是安寇，
詩滿溢阿多尼斯熱鬧節日的歡樂！

長年馥郁無法消除、洗刷的痕跡：
黑醋栗、草莓、黑橄欖、胡椒捲心菜、
哥哥米歇爾魔術小把戲的痕跡，
好友瓦倫庭幻想翻跟斗絕招，
祖母慈藹面容，因謙卑而神聖！

我初戀動情看不見的痕跡
刻印在我的生命裡屬於
純潔深淵的範疇！

古老痕跡，那些祭拜、放假、慶典
的日子，仍然活生生的痕跡……

各種痕跡呀，刻痕、傷痕、足跡、
聖痕、印象、記憶、遺跡、軌跡……

穿越過我生命火場的痕跡
就像火蜥蜴燒不死。

雖然很多事物已消失無蹤
眼淚卻不像上天召回的蜉蝣，
有些痕跡仍然清晰如
五月裡的滿月！

痕跡宣稱每一天新日子

都保證亮麗！

復活節的痕跡交揉快樂和神祕！

阿多尼斯（Adonies）出自希臘神話，古希臘字為（Ἄδωνις ／ Ádónis），是一位美少年，受寵於阿佛洛狄忒女神。與石竹和桃金孃有關。阿多尼斯顯然是起源於東方神格，為閃族名：意即「主人」。阿多尼斯慶典活動在各地都有舉辦，有幾位古代希臘民俗的作者大加提倡。阿佛洛狄忒的寵愛，受到崇敬，每年春天敘利亞女性會舉辦祭祀活動，儀式包括播種籽、灑水促其成長。這些種植稱為「阿多尼斯田園」，很快枯死，象徵早夭。西元前五世紀，雅典女性熱烈膜拜，被劇作家阿里斯托芬（Aristophane）所嘲弄。

譯按：加爾默羅會（carme，即 Carmelites），又稱聖衣會，中世紀天主教四大托缽修會之一，信徒定居於巴勒斯坦境內加爾默山而得名。

⑬ 黃昏悲吟
UN SOUPIR VESPÉRAL

肉桂麵包在餐桌上

白天一切能量耗殆盡，

沉默中由衷發抖

和我自己形象

無異全副生命的承諾！

集中精神，

全心貫注，

深思事物本質，

喃喃自喜藍色孤獨！

克羅頓的阿爾克邁翁，

可知珍貴贊揚的時刻，

活星宿雪白光，

終身入暮溪流的鮮血，

紫色憂愁

和淡然安逸嗎？

他可知是詩把世界帶進實存，

感受到逐字驚心動魄，

在擁抱中絲絨般溫柔，

神祕的基本固執？

他像我，深愛

月桂油和那馥郁

強烈、清香且辛辣？

迷人的詩篇呀，安特洛斯呀，

而你似近又遠照明

學識的海角！

你呀，黃昏悲吟，

智慧的豐富！

原註：克羅頓的阿爾克邁翁（Alcméon de Crotone, 西元前六世紀）：希臘哲學家、醫師、生理學家兼天文學家，可能是首位書寫關於自然的著作，有些觀念見於柏拉圖《蒂邁歐篇》（Timée）。他發現熱冷乾濕（譯按：似應風火水土）四要素原理。根據阿爾克邁翁說法，心靈因近似神性生命而不朽，此項近似性包含心靈驅力生生不息。阿爾克邁翁是東方首位發現星宿神祕主義：把星宿神格，宣稱行星和恆星因永久運動而具有生命，既然有生命，必然是神。

月桂油（L'huile de laurier）：月桂樹的月桂
油是從珍貴月桂樹果實搾取，亦稱月桂汁
或阿波羅月桂樹。源自亞洲，此灌木不落
葉，屬樟科，生長於地中海盆地。在希臘
神話中，達佛涅（Daphné）是河神佩紐斯
（Pénéios）之女，為阿波羅所追，求助其
父，被化成月桂樹。阿波羅得不到達佛涅，
決心始終以月桂為髮飾，因而月桂樹成為阿
波羅象徵。在希臘和羅馬，月桂樹是勝利標
誌，在競技場勝者以月桂冠為頭飾。到中世
紀，年輕學者接受月桂樹枝連葉為冠：學士
學位（bacca laurea）字源於此。

安特洛斯（Antéros）在希臘神話中，是阿
瑞斯（Arès）和阿佛洛狄忒（Aphrodite）之
子，厄洛斯（Éros）兄弟。安特洛斯化身為
純潔、完美、靈性的愛，而厄洛斯化身肉體
的愛。「安特洛斯」名稱見於柏拉圖《斐德
羅篇》（Phèdre）。安特洛斯也象徵基督教
的慈愛。

⑭ 雪花蓮
PERCE-NEIGE

給我年輕早逝的哥哥斯拉夫

雪花蓮在古道上盛開，
端莊如天空，溫柔如晨曦，
兩隻美麗山雀展喉鳴唱
棲在蒼白吠陀花瓣上！

心靈呀，我愛這童年，甜美天真，
事物的精華，永恆的徵象！

2009年3月2日在巴黎
雪花蓮每年在我哥哥小墓上盛開。
母親所種，已過80寒暑。
小心靈逢春就來招呼，告訴我們常相左右。

原註：吠陀涉及崇拜、教派、梵唄、神話、吠陀
教、儀式。於此是指教義上。吠陀（天城
體：वेद - 梵文）：「慧眼」或「智慧」，
受到印度仙人（Rishi）啟示（靠聽聞，天
啟Shruti）。在吠陀教、婆羅門教和印度教
裡，「天啟智慧」是由婆羅門口述相傳，以
迄今日。

吠陀傳統的首部經文，始自西元前15世紀，
逐漸彙集成吠陀經本集（Saṃhitâ）。為標
誌經文多樣性，印度傳統把前三部合稱《吠
陀三經》：歌詠明論《梨俱吠陀》、贊頌明
論《裟摩吠陀》和祭祀明論《耶柔吠陀》。

⑮ 迷人的音樂
VERTIGINEUSE MUSIQUE

致阿爾賓

我們在巴洛克和諧下生活過

在義大利藍天覆罩的夢中,

加盧皮、塔替尼,甜美春天幻想曲,

那世代的光輝傾注到我們眼裡。

原註:阿爾賓(Albine)字首可指拉丁文albus,意
　　　為「白色」,或指地理原點,第一座拉丁城
　　　市阿爾巴(Alba)。阿爾比努斯(Albinus)
　　　姓名是羅馬大家族,代表人物在西元193年就
　　　任過幾個月皇帝。阿爾比娜(Albina)是西
　　　元三世紀末阿爾比努斯家族的一位少女,祕
　　　密信奉基督教,被發現背叛祖先宗教,仍拒
　　　絕悔過,遭處死。其故事發展出許多傳說。

　　　加盧皮(Baldassare Galuppi, 1706~1785),
　　　巴洛克時代威尼斯作曲家。

　　　塔替尼(Giuseppe Tartini, 1692~1770),巴
　　　洛克時代威尼斯作曲家兼小提琴家。

⓰ 啊，一切來得如此突然
AH, TOUT VIENT SI
SUBITEMENT

致羅伯特・瓦爾澤

夜輕柔如無力的擁抱！

瓶中花，充滿謙卑，

戰戰兢兢迎接夜無限的美，

衷心感謝蔚藍的寂靜！

一切安詳，一切和諧

在舊屋內心靈合一！

屋外，操煩的心徘徊小巷

徒然尋找友誼伸手的溫暖！

原註：羅伯特・瓦爾澤（Robert Walser, 1878～
1956）：瑞士德語作家和詩人，出生於八
位小孩家庭，14歲輟學，17歲離家自立。
居無定所，在劇場發展未果。成年後，在
餬口與詩創作之間求生存。從事過多項職

業（幫傭、祕書、銀行員），啟發開闊文脈。1898年開始發表詩和短篇小說，1904年出版第一部作品《弗里茨‧科赫的作文》（Fritz Kochers Aufsätze），但離成功，至少離羽翼已豐，為期尚遠。到柏林依靠其兄畫家卡爾‧瓦爾澤（Karl Walser），據此寫成短篇小說〈畫家的生活〉。1907至1909年間，完成三部小說出版：《唐娜兄妹》（Geschwister Tanner）、《助手》（Der Gehülfe）和《雅考伯‧馮‧貢騰》（Jakob von Gunten）。1909年另出版一本青年詩集。在柏林文壇竄起，獲得當時著名作家讚譽，包括羅伯特‧穆澤爾（Robert Musil），在布拉格，為年輕卡夫卡所迷和景仰。1913年離開柏林，回到瑞士比爾（Biel），原因不明，據他說是為求安靜寫作，事實上經過一段低潮期，在比爾七年，出版九本書，主要是散文和短篇小說，有《歷史》（Geschichten, 1914）、《詩人生活》（Poetenlebe, 1917）和《散步》（Der Spaziergang, 1920）。1921年定居於伯恩（Bern），雖然在社會邊緣生活，1924到1933年間是其寫作最豐收期。從柏林、布拉格到蘇黎世，數以百計的散文、詩、訪談，發表在德語世界的大報上。最後一部散文《玫瑰》（Die Rose）出版於1925年，大量文章四散，到死後才有人收集出版。1929年，瓦爾澤住進伯恩的瓦爾道（Waldau）私人精神診所，仍然寫作不輟。1933年轉到黑里紹（Herisau）診所後才停筆，在此住到1956年聖誕節日。

⑰ 論名無定義
DE DUBIIS NOMINIBUS

Amabilissimus nodus amicitiae

最愉快的友誼結合

——西塞羅

名字，我愛名字
拉丁名字刻在老教堂的
銘牌上！

名字有迷人薰衣草、野玫瑰、
香蜂草的芳香，瀰漫陶醉的韻律。

名字有玫瑰酒的優雅魯莽
像精美花卉刺繡增艷的耀眼禮服。

名字遮掩天藍眼睛和純真聲音
迴旋在新鮮空氣的清澄透明裡，

名字在老是懷念失去情意的沉睡中，
名字反映世界尚未進展的方向，

名字敘說永遠永遠無止境的愛，
名字透示每個生命浸體受其洗禮，

名字享有文學眼下雲雀的喜悅
形成首要單元，
名字感受深情擁吻造成大災難
在五月夜，

名字還會因突然燦亮而激動，
名字指向陳腐的時代
如今免除收穫的辛苦勞動！

名字標示悲傷的錦葵重量，
名字閃亮純粹的天空，
無涯的天際敞開如光翼，
名字可聽到水聲朗朗之美
越過花崗石礫快樂顏面，

名字在金髮飄動勝似麥浪處，
名字送來動人的音樂
和逐日增加造化弄人之幸，

名字讓人呼吸到

新收割青翠牧草的氣息。

啊，名字，名字，名字……

在哪一家廢棄的屋裡，

在哪一窗戶常關的室內，

你遺留下精華祕密的詩篇？

說吧，匿名作家，魔術名字精采雕刻師，

這是你給我的慷慨禮物，何其多精華生命？

原註：〈論名無定義〉或〈名無定義〉（De Dubiis
Nominibus ou Dubiis Nominibus），是西元
七世紀的文獻，可能是波爾多（Bordeaux）
匿名作者所寫。是按字母順序的文字表列，
舉其性類、複數型或正確拼音，為作者所
質疑，試圖解釋傳統作家和基督徒提出的問
題，逐字加以旁註。

⓲ 夜裡，死神進入我室內
LA NUIT, LES MORTS VIENNENT DANS MA CHAMBER

致丹尼爾・瓦妻揚

夜裡，亡魂進入我室內，

他們的心在我心中沒有安靜過，

他們來時，帶著青翠葉片

和山楂細枝，

客客氣氣坐在我床邊唱歌，

和藹又神情愉快

浮現在他們夜晚臉上，

歌聲甜美無比。

清風從開窗吹拂進來，

充分明白如何撫慰我憂傷

以傳奇故事滿足我睜大的眼睛。

在寂靜庭院裡，白楊樹下，
白床單在晾衣高竿上飄動
對無言的消瘦臉孔播種驚恐。

熟悉的月亮，以淡淡光線，
用古老情誼被覆在我們身上。

流露出光線悅耳的嘆息聲，
平靜、愉快、溫順，亡靈離去
躡手躡足。

有些事真棒，輕快又活潑
在謹慎細心運動中
沐浴著柔和深遠的光。

沉睡河流終於在我內心暢流

而我對亡靈明顯的任務

感受到逼迫的意識

生動溫柔包容我

防止我自己死亡。

原註：丹尼爾·瓦婁揚（Daniel Tcheboukkyarian,筆名Varoujan, 1884～1915）：阿美尼亞著名詩人作家。1884年4月20日生於奧圖曼帝國布里格尼克（Brgnik, 今Perkenig），離錫瓦斯（Sivas 即Sébaste）數公里。因哈米特大屠殺事件（les massacres hamidiens）逃亡到伊斯坦堡，成為梅希塔里斯特（Mekhitariste）學生，後獲選留學威尼斯穆拉德·拉菲里安學院（Moorad-Rafaélian College），1905年到比利時國立根特大學（l'Université de Gand）進修文學課程。1909年回到家鄉擔任教師三年。1912年婚後，到伊斯坦堡聖格列高利啟蒙學校（l'École Saint Grégoire l'Illuminateur）擔任校長。1914年創立文學社團Mehian（寺院），旨在復興阿美尼亞精神。

身為天才詩人，瓦婁揚一直是當代象徵，以雅緻語言消弭激情，也是人民歌手，撫慰人心，使痛苦的人不致絕望。《戰慄》（Frisson）、《民族心》（Le Cœur de la race）和《麵包之歌》（Chanson du pain）為其代表作。

瓦婁揚被「青年土耳其」聯盟野蠻暗殺，根據馬爾索（Luc-Andre Marcel）記載：「瓦婁揚被綁在樹上凌遲至死，斷手斷足，軀體丟給流浪狗。已知自從歐里庇得斯（Euripides）以來，沒有一位詩人遭遇到如此恐怖的結局，只因民族宗教信仰之故。難以想像的是，詩人才剛31歲盛年。」在根特大學圖書館大廳掛有瓦婁揚紀念區。

⓳ 八月雨
PLEIE EN AOÛT

致浸信教徒

　　詩是人的度量

　　　　　──阿沙納斯・凡切夫・德・薩拉西

　　朝聖的八月雨滴呀，

　　來花萼內睡吧，

　　讓妳的輕快涼爽以

　　深情微微觸撫其心靈。

⑳ 敘說
LOQUOR

疲累和愛情

使眼皮加重

———保羅‧列‧希連提艾爾

伸手給我，

聽我說，

取暖

在妳青春愛火上！

愛我吧，

黎明天使，

記住我的話

用妳溫柔的笑容！

教我唱歌，

以妳眼神光芒，

高不可攀的純粹祕密

屬於天堂鎖鏈

屬於永遠團結

屬於心與靈。

㉑ 朋友的臉
LE VISAGE DE L'AMI

朋友的臉

在玉蘭花的

泡沫裡！

整個豪華七月

在我朋友笑容裡！

朋友的臉上

是七月

玉蘭花的

純白無瑕。

㉒ 太顯性的希望面容
TROP VISIBLE FACE DE L'ESPÉRANCE

> 無人……烏有……
> 把窗帘拉下來！
>
> ——塞以夫・阿拉拜

I
半夜。
為何我們還站這裡，
孤獨對孤獨，
在此屋內
如此沉靜心虛？

眼神含眼神，
白床單鋪在床上，

紅鬱金香插在花瓶內，
桌布橫陳書桌上！

歎息復歎息，
對我們有何求，
空氣，
牆壁，
舊衣櫃？

外面啊外面，
紫藤純淨，
海的壯麗光芒！

II

想不通，我們懷疑

愛神說不定是

海洋公園蓍草的

野香俘虜，

還能找到路

通往我們荒廢的心，

還想恢復

我們死活人

失落的聯繫深意？

啊，敞開窗，

啊，激情夜，

本身濃濃的影子！

III

對，

我們為何在此？

對於樹、路、井，

我們算什麼？

在我們悲哀目盲中

哪有太顯性太透明的

希望面容？

如何掌握存在的心

我們是妳和我？

對！

為何我們還站這裡，

孤獨對孤獨，
在此屋內
如此沉靜心虛？
我們身體沉落入
嗚咽深淵，
顫慄中徒然去抓
成熟溫柔樹枝？

然而，在
關閉的門後，
掛著燦亮的蒼穹，
酷熱夏天

暢飲

白星之水！

原註：塞以夫・阿拉拜（阿曼蘇丹國，1956年生），阿曼最著名當代詩人之一，有多本詩集被譯成許多外國語文。

著草（Achillée）法語名稱源自希臘英雄阿喀琉斯（Achille／Αχιλλεύς），因他發現可治療毒箭傷害。著草葉有溝、被柔毛、莖有樟腦香味，密集花序，小頭花直徑3至5公厘，花白或粉紅。果實為蒴果。最常見種類為歐著草（l'achillée millefeuille）。藥性：抗腸痙攣。療效：由其傷口草或兵士草，即可顧名思義。止血性能：用花和葉搗成膏狀敷用，可治鼻血。曬乾花混合鼠尾草煎藥，可作興奮劑。

㉓ 就像水手
COMME LES MARINS

致阿希紐斯・波利奧

就像沉船獲救的水手

在海王廟內

懸掛奉獻匾額

充滿感恩。

我也承蒙獲救，

把永遠的話，

用頌詩集

呈獻給阿波羅

和他兄弟赫耳墨斯

表示敬愛。

原註：阿希紐斯・波利奧（Asinius Pollion, 亦即
Gaius Asinius Pollio,西元前76～4年），羅
馬共和國末年和奧古斯都統治時期的政治
家、演說家、史學家和詩人，是阿希紐斯
平民家族成員，詩人卡圖盧斯（Catullus）
知友。羅馬史學家韋利奧斯・帕特庫洛斯
（Velleius Paterculus, 西元前19年～後31年）
認為他是那時代的精神精華，而瓦勒里烏
斯・馬克西穆斯（Valerius maximus, 西元一
世紀）舉他為壯盛舊時代典範。

在內戰期間，他是凱撒擁護者和至交，西元
前49年領兵攻佔墨西拿（Messine），加入
庫里奧（Curio）軍出征西西里島，再進攻
非洲，攻打龐培（Pompée）。眼見庫里奧
和大部份軍隊濫殺，他逃離殺戮戰場。後來
隨凱撒轉戰馬其頓，參與法薩盧斯戰役（la
bataille de Pharsale），進軍非洲和西班牙，
襲擊塞克塔斯・龐培（Sextus Pompée, 拉丁
名龐培・馬格努斯・庇護Sextus Pompeius
Magnus Pius, 西元前約68～35）。

凱撒死後，波利奧支持安東尼，在威尼斯
保持兩軍團，承諾在布魯圖（Marcus Junius
Brutus）死後，歸附多米遜烏斯（Domitius）
共和艦隊，而以七個軍團，加入安東尼陣
營。布琳德斯和平協定後，仍留在義大利，
於安東尼與克麗奧巴特拉結合時，與安東尼
分道揚鑣。

㉔ 牧歌
IDYLLE

致哈莫・艾瓦吉安

（牧歌 *τό 'ειδύλλιον*）

微風愛上你的捲髮、你的睫毛

和你的喜事，打動你絕妙的童心，

四週都是歌聲，鳥啦，光陰啦，

你明朗的思想啦，你純絲的話啦。

譯註：哈莫・艾瓦吉安（Hamo Ayvazia），詩人的
亞美尼亞年輕詩人朋友。

㉕ 薩德克・赫達雅特
SADEGH HEDAYAT

如此興奮加上如此暴怒，
你意識紅網，你心胸開闊，
你語言絢麗優雅卻猛然
變成狂笑、煽動控訴！

默而驚慌，蹂躪你心靈
像一劍斃命的精準！

原註：薩德克‧赫達雅特（Sadegh Hedayat,
1903~1951），伊朗作家兼翻譯家，現代伊
朗大作家之一。與當代伊朗作家Houshang
Golshiri, Mohammad Ali Jamalzadeh和Sadegh
Chubak齊名。以小說《不透氣羽絨被》（La
Couette aveugle）最著名，1953年出版時受
到超現實派好評。在其陰鬱奇異作品內，
常出現鬼魂與活人在社會邊緣邂逅，帶有
絕望、無奈諷刺意味，顯示世界荒謬和人
心瘋狂無藥可治。秉持歐瑪開儼（另譯歐
瑪爾‧海亞姆Omar Khayam）在《魯拜集》
（Rubáiyát）中評論的自由精神，另外同時
受到現代歐洲大師和波斯民俗與傳統的影
響。身為「不可救藥的悲觀主義者」，酗
伏特加酒、抽鴉片，1951年4月在貧困潦倒
和極度孤獨中，於巴黎Championnet街公寓
自殺。埋在拉雪茲神父公墓（cimetière du
Père-Lachaise）。

網（Résille），拉丁語，一般指小型網，
例如用來保持髮型醒目，或漁網絲襪（bas
résille），目的在凸顯小腿的線條美，或在
外科手術上，維持壓縮又可讓皮膚呼吸。

❷❻ 尼札米
NIZAMI

    頌

      無論是整體天文學，

      或是各種科學的細節，

      我都學習，逐頁

      搜尋其神祕。

                    ——尼札米

    I

尼札米呀，尼札米呀，

吾友尼札米呀，

你是質問者也是尋答者！

你以詩實踐

做為自由甜美的至高作業，

你誠心

以熱烈動人的火

探索生命的曲折險巇。

你是偉大的感情書法家，

陽剛又陰柔的大師，

悲喜王子又是嘲諷者！

II

多麼有自信呀，

靈敏、謹慎、冷靜又親切

使我心震動，黃昏時，

當大批星群和蟬

迴響自然莊嚴氣氛

搖撼摸不到的夜的胸膛。

像撲火蟲

神聖守護時間，王子殿下，

使我擔驚面對永恆

逼自己心跳與宇宙共比高。

你的字，天國象形符號，

習於濛霧墨水，

努力在時間背後奔跑。

III

你不朽的書，

神祕之井，

以恍惚的光線
圍繞我睡眠：

神祕寶庫、霍斯羅夫和希琳
萊拉和附身、七美人
亞歷山大之書！⋯⋯

你成為偉大詩
龐大家族樹系譜的
一份子，
你，不朽聖言的
夢寐分枝，

藉歌唱調色

把心充分化身！

IV

語言精密像濃酒

甜如高級薩西開亞酒！

一種真正精華品味。

以激進的希望增加芬芳

其絕妙不知人間事有悲傷！

至友呀，

人和天使真誠相伴

我心中多麼鍾愛！……

V

不，你不喜歡傷心話
刮傷氣氛的晶體，
這是水和月二者
愛念你詩作的道理。

幽徑，
可感受的溫柔，
群樹和山岳
不斷庇蔭行人！

你的詩上天所註解
彼此一再相輔，

更加豐富，

相成！……

VI

尼札米呀，至友呀，

你像討人喜歡的小孩，

愛玩路上灰塵，

把麵包硬皮泡溫水，

常對行人道早安，

向麻雀打招呼，

一封朋友來信，

細雨，

獲救的刺蝟，

你悅耳國度的老歌

還有柔雨飄果香！……

我喜愛你，至友呀，

你自信撫慰心靈

正如用手撫摸

睡美人頭髮！

VII

孤獨是你的古老大宅院，

你好玩用風信子花環裝飾的住家！……

美妙童年正如鴿子飛翔，

說話像蜻蜓的重量，

微風吹拂輕飄飄，

這是你的全部，至友呀！

VIII

對，尼札米，你愛

眼神的蕾絲花邊，

空氣的風化，

心發芽

帶有桉樹芳香的笑聲，

豪華的嘴唇

像昂貴的香水瓶

在時間中途

被昆蟲歌聲推翻掉了。

隨你的心直接

賦予銀河，

在天空航行的黎明面紗上，

在奇幻亞塞拜然草原綢布上。

IX

整潔紅桌布，

刺繡枕頭，

唱歌的橡木門，

全世界運作

在你的思想中！

啊，至友尼札米呀，

哎呀，每一個層系崩潰

在美與死面前！

我們甚至會隨聲音

消失記憶只因

強加忘記保持沉默

X

你的著作豐富

像聖餐的葡萄酒

香醇、濃郁、清純、陶醉！

對，至友呀，
死在主內鮮活自信的人
沒有死去！

你理解絕對的距離，
純粹在遠方！
你喜歡田野裡
小花熱鬧
悅目
秋葉繞樹幹
迴旋打轉
負擔沉重、懷舊、被棄而終。

XI

你當知熟果味道的傷感，

得意和折磨交替

在耀眼雪白下。

你向井中大喊

承擔祕密太沉重，

看看所有事物的內心吧，

明白一切都是友情力量編織，

世界真正統合

在詩不在書。

XII

夜如今以無限優雅的

淡紫色腳擱在

群樹華蓋上休憩

並滲透到森林的牆隙。

你的心靈已然忘我，

被天籟拂拭過，

與宇宙心合為一體

自己內在感動，

充滿本身的光彩。

原註：尼札米（Nizami 或 Nezami Ganjavi, 全名 Nezam al-Din Abu ohammad Elyas Ibn Yusuf Ibn Zaki Ibn Mu'ayyad Nezami Ganjavi, 1141-1209），波斯詩人、科學家和作家。出生於亞塞拜然的占賈（Gandja）。

尼札米主要是大科學家和浪漫主義史詩作者，深受神祕主義影響。尼札米出身博學世家，年輕即開始研究當時所有科學、哲學和神學。其生活情形不詳，僅知早年孤苦，由大地主舅舅卡德・歐瑪（Khadjeh Omar）撫養長大，並傳授學識。母親萊莎（Ra'isa）是庫德族人。

尼札米結婚三次。達爾班德 Fakhr-E DIN Bahramshah 王子賜給他一位年輕妙美的欽察奴隸，名叫阿發格（Afagh）。這位元配很受疼愛，生一子，名穆罕默德・阿發格。他在剛完成《霍斯羅夫和希琳》（Khosrow et Chirine）後，元配逝世。奇怪的是，另外兩個妻子也在尼扎米完成史詩之一後不久身亡。以致他在詩中憤憤抱怨上帝：「上帝啊，為什我每完成一首長詩就必須犧牲一個女人？」他的抒情詩和教養詩作品，都帶有道德說教和神秘，有明顯軼事和豐富謎題。其藝術建構在四部詩小說：

《霍斯羅夫和希琳》敘述伊朗古代薩桑王朝霍斯羅夫二世，與基督教公主希琳的生活和愛情故事。《萊拉和附身》（Leili et Madjnoun）取材於一則阿拉伯古老傳說，

是彼此相愛殉死的感情史。《七美人》
（Les Sept Idoles）主角是薩桑王朝巴赫拉
姆·古爾（Bahram Gour），以戰功和愛情
著名，娶七妻，是七星的女兒，分別有精彩
故事。最後是《亞歷山大之書》（Le Livre
d'Alexandre）讚揚征服者的超人智慧，呈現
穆斯林傳統的「神格化形象，有如先知傳訊
的一份子」。難以深入瞭解，藏有密碼和
很複雜的語言，有賴阿里·歐萊智（Seyyed
Mahammad Ali Oraizi, 1882-1954）這位伊朗
博學者，一生大部分潛心研究尼札米作品，
才有辦法詮釋。

塔西陀（Tacite）格言：
　　　　我們甚至會隨聲音
　　　　消失記憶只因
　　　　強加忘記保持沉默
　　　　Memorla quoque ipsam cum voce
　　　　Perdidissemus si tam in nostra potestate
　　　　Esset oblivisci quam tacere

譯按：普布利烏斯，科爾奈利烏斯·塔西陀（Publius
　　　Cornelius Tacitu），羅馬帝國執政官、雄辯
　　　家、元老院元老，也是著名的歷史學家與文
　　　體家，他的最主要的著作有《歷史》和《編
　　　年史》等等，從西元14年奧古斯都去世，提
　　　比略繼位，一直寫到西元96年圖密善逝世。
　　　（引自維基百科）

譯註：薩西開亞（Sascicai）是義大利名牌紅葡萄酒。

㉗ 哈斯科沃公墓
LE CIMETIÈRE DE HASKOVO

致所有在甜美安詳中永息的心靈

公墓呀，我喜歡你的莊嚴肅穆

我喜歡秋天時光

給你注入雍容質素。

我跪下來

敬拜久久、默默、專注、感動，

從你們十字架流露的光輝

和黃楊木的亮麗

在每座墓碑上呈現綠色火光。

我愛你們，故友呀，

我愛這種神聖的傷感浮動在

你們悲淒的住所週遭
嗣後就成為純幸福之源！

真的，在這裡，
最後小小鮮花當中
感到天使對這些現住戶
啟人憐憫的脈動，
不是這塊地而是我們灼灼胸腔！

時間天平靜靜傾斜
朝向傍晚時橘色水面，
天空是更輕柔、更沉重的頭盔。

被遺忘的老話，

早晨、黃昏、姿勢

來甦醒我心靈的

透明孤獨。

故友呀，我不倦的

憶念朝拜之行，

我知道，故友呀，

風無屋可居呀！

原註：哈斯科沃（Haskovo）在保加利亞，詩人出
　　　生地。

譯按：哈斯科沃在保加利亞南部，是哈斯科沃州的
　　　首府所在地，南鄰土耳其和希臘，人口約30
　　　萬。1985年慶祝建城千年。

❷❽ 忠誠不二
CONSTANTIA ET FIDELITAS

致托瑪斯・拉札列夫

"*Si vales valeo*"

（別來無恙勿念）

說什麼心情輕鬆

還在尋找光

山下降伏

悲傷？

至友托瑪斯呀，

我們在斷斷續續回憶中

常有所遺漏，怎麼辦？

啊，黃昏緩緩來到
和諧降臨人間！
晃動的菩提樹上
慌張的樹葉在敘說
一成不變的奇異傳說！

不，不，托瑪斯，
無自無中生，
無復歸於無，
至友呀！

永恆是
事物和生命的永恆性

黃昏時分航向汪洋
在暗笑聲裡流淚！

啊，時無定時，
天空擱淺在我們臉上
讓希望流遍
我們全身！

托瑪斯呀，就像我的詩，
充滿理解小光，
想要顯露，
不吵也不擾

直達愛的

巔峰！

啊，被恩典繳械的手

在蒞臨的

夜幕寒冷裡！

譯註：拉丁文 Si vales valeo 是致函常用問候敬語。

原題 Constantia et Fidelitas 是一句成語，表示
忠誠、真實、堅持等意。

㉙ 給心愛的人
À UN ÊTRE QUE J'AIME TANT

平靜和暴風中的海洋同深

——鄧約翰

小咪，我的美麗天使，
妳的日子懸在拂曉金彩
和我雙手的愛河間。

如此白皙柔細、如此晶瑩剔透
是妳的肌膚似高加索初雪
被新春溪水的熱情劃過。

「夜晚蜜語像似奶油，
太陽一上升，就融化」

妳以海藍聲音笑著說

甜如空氣滿溢篤耨香。

我知道妳的身體

遍佈星河，

與我大不相同。

我知道妳的心靈無邊無際。

啊，我的天使有玫瑰果

和努比亞番紅花精油之香，

來吧，

來靠我臉頰，

用妳炯炯眼神修復我心靈，

妳瞳孔內有天主形象，

妳，我唯一故土，我的根。

啊，我白睡蓮天使，

從我內心癒合的書板上

拭掉傷害字眼，留下：愛。

拭吧，我的天使，

我孤注一擲

智慧，

安撫

和寬恕！

原註：鄧約翰（John Donne, 1572~1631, 另譯多
　　　恩），英國詹姆士六世和一世朝代詩人和牧
　　　師，被視為玄學派主導。作品多樣，包含情
　　　詩、宗教十四行詩、拉丁譯詩、諷刺詩、悲
　　　歌、歌曲和訓諭詩。

　　　篤耨香（Térébinthe）：學名Pistacia
　　　terebinthus L.（譯按：另稱馬尾香），漆樹
　　　科黃連木屬落葉植物，常見於地中海盆地
　　　的灌木叢，尤其是密林中。其名從松節油
　　　（térébenthine），因樹汁可製造此精油，
　　　由黃連木的希臘名pistakê，源自波斯pista，
　　　加拉丁名terebinthus，源自希臘字τερέβινθος
　　　組成。

　　　玫瑰果（Rosa rubigino），屬於狗玫瑰
　　　（Caninae）的一支，亦稱甜野玫瑰（Rosa
　　　eglanteria），今已不用，因易混淆。

　　　番紅花（Crocus Sativus）或稱藏紅花、西紅
　　　花，是鳶尾科番紅花屬的多年生草本植物，
　　　可提煉香料。有球莖，和風信子、水仙、
　　　蔥、蒜等同屬百合科。

　　　白睡蓮（Nymphaea alba）屬睡蓮科
　　　（Nymphéacées）長年生草本植物。

㉚ 你清泉流過我臉上
SOURCES LIMPIDES QUI COULEZ SUR NOS VISAGES

致諾頓·霍奇

現在，你感到幸福了！
在你寬厚的手裡拿到
確實、純粹、真正的花！

如今你心中終於滿懷
微風，拂過波浪和海鷗！

你頭靠著世界之歌
不再做夢，
因你的胸襟已開闊，
那仙女，
生命樹

有光，有自由又有歡聲四射

有你遙遠童年的雲雀棲息！

在往昔諸神中，

你側身其間，

隨著那些搶眼金牙，

難忘的故事

有你的心血賦予生命和美！

朋友，

讓和風與你的歌聲結親吧！

㉛ 週遭寂靜如斯
TANT DE SILENCE ALENTOURS

致阿里·普羅德里穆雅

我喜愛的人穿紅袍

在黃昏暮色高漲中

走到哪裡去？

藍山雀喜不自勝的歌聲

要把鏗鏘秋風帶到哪裡去？

只有留在這裡，

沐浴清爽的陽光，

挑逗的葡萄串

和我的快樂童年

坐在窗邊

開向無邊無際。

告訴我，阿里・普羅德里穆雅呀，

告訴我，小溪隱士呀，

魯戈瓦山脈兄弟呀，

時間急急如駒帶我們去哪裡，

我的手長期

照顧的身體

在光中！

原註：阿里・普羅德里穆雅（Ali Prodrimja, 1942~
2012）：阿爾巴尼亞最著名詩人之一，出生
於科索沃，逝於巴黎。

譯註：魯戈瓦山（Rugova）在科索沃西北部，有阿
爾巴尼亞的阿爾卑斯山之稱，2013年定為國
家公園，有許多岩洞、瀑布、冰川湖泊、峻
嶺和隧道，成為觀光景點。

㉜ 你的名字在我聲音裡
VOTRE NOM ENCLOS DANS MA VOIX

致亞列翰德羅・諾傑夫

我想到你，亞列翰德羅呀，

可貴的動機，

淑世的態度

簡樸、善良、單純，

莊重，

慈悲，

合情合理！

我想到這隻藍山雀，

與微曦同遊，

誠心，

親切，

歌聲渾厚，

每當盡責後

更甜美！

我想到自己，埋首嚴肅書香

年年季季不間斷，

週圍事物瞬時而逝，

沉入物質河流內，

我自己，

渺小，

好動，

無恆心，

竟敢愛，

竟敢奢望此生不滅
像上天神仙！

啊，亞列翰德羅呀，
我要罄盡一切
確實與智能相符
傾全心喜愛
外在事物的無限善良。

正如喜帕恰斯，
這位希臘天文學家兼數學家，
我想嚐嚐二分點的激情冷靜

而，半夜，在面紗擋風保護下

繪製第一份星圖。

我想到你亞列翰德羅，你、我、我們，

我們，涓涓水流，

持久不息，

好動卻

弱小無比的

命運！

原註：喜帕恰斯（Hipparchus, 西元前190～120），
希臘傑出的天文學家、數學家兼地理學家。
受到天文學家托勒密（Claudius Ptolemy, 約
西元90～168）尊崇，著作中引用其文本，
在古代享盛譽，到中世紀才被淡忘。喜帕恰
斯發現歲差（la précession des équinoxes），
制訂第一份星圖。歲差指物體轉動軸線定向
逐漸變化。

譯按：二分點（équinoxes）亦稱晝夜平分點，是赤
　　　道與黃道交點，每年太陽穿過赤道的位置，
　　　有兩個相對點，3月21號左右的春分點和9月
　　　23號左右的秋分點。字源為拉丁文的aequi
　　　nox，意思是晝夜等分。當太陽經過晝夜平
　　　分點時，地球上各地的白天和夜晚都一樣
　　　長，各有12個小時

㉝ 向主懺悔
CONFITEOR TIBI DOMINE

致米歇爾-理查·德拉朗德

I

主啊，不會有平安

直到至親友人為死者禱告！

直到我心迸出祈求，主啊，

進入到花芯內

並向下滲透入溫熱的根部，

直到，主啊，我的淚水淋濕

在風聲音節下建立的喜愛名字，

於那隔開的空間內

美妙迷人的樹

亭亭成長！

啊，一切禱告

為露水！

II

主啊，不會有平安

直到我竭盡心力

於自己長滿青苔的石板！

III

來吧，甜蜜的影子，

摔掉清涼的水，

把我懷念的花束

放在安息的胸前。

情人，成為春天吧

使死者的生命軌跡

可噴出雪花蓮的白緞

和櫻草的金色蠶絲。

微風，讓甜蜜的露水

從山楂花萼流到金蓮花鬚。

IV

祢的話，主啊，

使我祖先安眠的整個山谷發亮！

主啊，

我知道

有隱形的線聯繫所有生命，

那些話比蜻蜓翅更輕，

繞著靜靜的心靈支柱轉

在經年收穫水果的細雨下！

本詩是聽米歇爾-理查‧德拉朗德精彩的歌後有感而寫。

原註：米歇爾-理查‧德拉朗德（Michel-Richard Delalande, 1657- 1726）是小提琴手、鋼琴家、作曲家。1667～1672年間，加入弗朗索瓦‧夏沛榮（François Chaperon）指揮的巴黎聖日耳曼奧塞爾教堂（Saint-Germain-l'Auxerrois）唱詩班。1672年短期以小提琴手為業，隨即以鋼琴家聞名。1670年代末迄1680年代初，在巴黎四個教堂任職：聖熱爾韋（Saint-Gervais,在查爾斯和弗朗索瓦‧庫伯蘭Charles et François Couperin之間，即

1671～1686）、小聖安東尼、聖保羅，1682
年在聖約翰教堂。在這期間、曾為巴黎耶穌
會劇院演出悲劇譜曲。1680年弗朗索瓦·夏
沛榮參與聖週《黑暗》（Ténèbres）祭典，
他得以成為宮廷大鍵琴教授，教導幾位公
主：路易十四的妹妹、蒙特斯龐夫人、南特
郡主、布盧瓦郡主。

有賴此機緣，民間音樂首度進入宮廷：1682
年〈小夜曲〉（La sérénade）、1683年〈凡
爾賽噴泉〉（Les fontaines de Versailles）
和〈埃斯科拉庇俄斯協奏曲〉（Le concert
d'Esculape。這一年他成為皇家唱詩班第
一組副指揮、1693年第二組、1704年第三
組，最後1714年第四組。1684年與安妮·
雷蓓結褵，1685年為波旁公爵（duc de
Bourbon）與南特郡主的婚禮譜《喜歌》
（l'Épithalame）。1686年以〈青春芭蕾〉
（Ballet de la jeunesse）取代呂里（Jean-
Baptiste Lully）的〈阿密得〉（Armide），
做為嘉年華慶典曲。1689至1719年擔任皇
家室內樂團團長，1690年創作室內樂曲。
1722年成鰥，同年攝政王菲利普奧爾良
（Philippe d'Orléans）頒授聖邁克爾徽章。

34 你的心靈
VOTRE ÂME

致貝斯尼克‧阿維迪雅吉

你的心靈，我的小王子
你的心靈！

狂熱興奮時多麼美妙，
循規蹈矩工作中多麼叛逆，
沉迷時多麼興會淋漓
而熱情戀愛中多麼丰采翩翩！

似乎不知不覺，
在敏銳出眾
且天才聰明之間，
浮動著憂鬱的馬尾藻！

你的心靈，我的小王子
你的心靈！

黃昏時開啟空間

回歸更大空靈

洋溢櫻桃

草莓和

香菜

的芬芳！

你的心靈，我的小王子
你的心靈！

這一切形而上的光輝，

至高無上的和諧

而此深度

使搖晃的樹葉

擔驚害怕

在白日將盡

卻如此熱鬧滿足！

不，快樂的朋友呀，

離強壯童年未遠

那盧卡斯·克拉納赫長老

泉源的仙女。

原註：馬尾藻（Sargassum），字源為西班牙語
　　　sargazo（譯按：英文sargasso），是一種
　　　棕色海藻，其葉狀體長達數公尺。香菜
　　　（Coriander），學名芫荽或胡荽Coriandrum
　　　sativum），字原是古典拉丁字oriandrium，
　　　本身來自希臘字ορίανδρον／koríandron。

　　　香菜是香芹科（繖形花科）一年生草本植物。

　　　〈泉源的仙女〉（La Nymphe de la source）
　　　是盧卡斯・克拉納赫長老1537年的畫作。

　　　盧卡斯穆勒（Lucas Müller）以盧卡斯・克
　　　拉納赫長老（Lucas Cranach l'Ancien, 1472-
　　　1553）知名於世，是德國文藝復興時期的畫
　　　家和雕刻家，姓氏取自故鄉地名，其子為小
　　　盧卡斯・克拉納赫（1515～1586）也是傑出
　　　畫家。

㉟ 你的話語
VOS MOTS

致貝斯尼克・阿維迪雅吉

我的伊利里亞小王子呀，
你的話語落到我古老心靈的
新鮮花卉和閃亮的花瓣上
極其優雅！

我們生命光輝的始源，
我們永恆友誼的最後法則，
是本體論的高高台基
祕密、流動、堅毅
而且不可思議！

你的話語！

是觸摸不到的內心喜樂

出自簡樸寧靜的事物，

是無限醞釀的幸福

如此自然而然

似蔚藍的心輕輕悸動！

你的話語！

啊，甜蜜美女的童貞嘴唇，

像你熟悉的蜿蜒花徑

引導到本質之中的本質！

啊，團契，

理想與善良間

崇高的社團。

你的話語！

我的伊利里亞小王子呀，

一切在愛裡都透明了！

此詩獻給年輕有才華的科索沃詩人

貝斯尼克‧阿維迪雅吉（*Besnik Avdiaj*），年15歲。

原註：伊利里亞人（Illyrien）屬於伊利里亞地區，
是巴爾幹半島的前居民，按阿爾巴尼亞語言
歸類，屬於印歐語。

③ 目的論
TÉLÉOLOGIE

在晨曦中我停下腳步，

我正在鄉下，

此處，小時候，我知道的世界全在此，

此處我聽到，有一天中午，

靠近祖父水井的地方，

塔利亞快樂的聲音。

在這裡我喜歡過

雲雀初鳴的歌聲，

小貓咪金鳳花

窩心喵喵叫。

這是我永不遺忘的世界
如今已變樣，
血肉不是我的血肉，
而是語言、戰慄、意象、詩，
全部的美邂近全部豐富的心靈
專注於扣人心弦的反映，
於充滿狂喜甜美的細語，
於緞光的影子，於閃避的形象
投入事物的自然中
根本目的性。

啊，我不是熟讀過和亞里斯多德的
《尼各馬可倫理學》和《勸學篇》嗎？

童年回憶

多麼親密奢侈呀！

亟需些多餘的事物！

原註：目的論（Téléologie），希臘語，研究目的
　　　性。為人目的之科學，視世界為手段與目的
　　　關係之體系。

　　　塔利亞（Thalie），古希臘語Θάλεια／Tháleia，
　　　喻「繁榮、富饒、喜悅」，原先是喜劇繆斯
　　　斯，後來是抒情詩繆斯。

　　　《尼各馬可倫理學》（Ethique à Nicomaque）
　　　和《勸學篇》（Protreptique）都是亞歷斯多
　　　德著作。

㊲ 喚起記憶
MEMORIAM REI REDINTEGRARE

記憶呀，你獨自永不會忘記
人和事物的臉孔，
肉身的世界變成純粹抽象。

我是生命，我變成道，
我是永恆，我變成時間。

記憶呀，始終新鮮
在連綿的日子裡！

38 鳴石
SINGSTEIN

I

對，你常說上帝是

我們純粹的字母，

我們的文字，我們心的書法！

每當祂微笑，

無意義都勝於有意義！

我們的話就是我們真實的臉！

我愛聽你說

關於鳴石的故事，

雨後

紫色的大地，
織布鳥吱吱喳喳。

而你的話像腰帶，
你的笑容有曼薩尼拉酒味道
把我們腰對腰相聯結。

啊，我們多麼愛
吃黑莓！

II
快速，貪婪，殘暴，
無法捉摸，

裝飾芬芳盈抱的

野花

黃昏正推進

在我們胸懷激起公海動盪，

把樹改變成恐怖大教堂！

這時候，

在靜悄悄中，

倦飛的蜻蜓

振動羽翅

以優雅細膩

擾我思想。

III

我諦聽你，心靈呀，

在我熱血脈管內

群星的白舟沉沒了！

正是紅櫻桃時，

白甘菊季節，

這時我幼稚膽怯

一再說：

喔，女神，

女神，

No me hagas sufrir!

原註：鳴石（Singstein），德語，意思是「唱歌的石頭」，罕見，會發出聲音，音質特佳。

織布鳥（tisserin），雀形目（Passériformes）麻雀科（Ploceidae）小鳥，會用布纖維編織大型吊巢，可庇護數隻雌鳥和幼雛。織布鳥因其鳥巢設計形狀獲此俗名：從大織布扯下纖維，編結成球形或錐形巢，入口在下方。經細心檢查鳥巢，發現有十餘種不同的編結方式。

曼薩尼拉（manzanilla），一種雪莉酒，有點澀、辣，味淡而乾，不太酸。酒精成份5.5到17％，夏季固定在15度。是西班牙南部安達盧西亞大區赫雷斯‧德‧拉‧弗龍特拉（Jeres de la Fontera）名產，特佳開胃酒。主要分兩類：精純（fine）和陳年（passée）。精純酒是安達盧西亞慶典用的酒。面紗酒（vins de voile）的特徵是，酒精酵母醱酵後，在酒表面自然發展出一層面紗，與周圍空氣接觸（正值桶中老化階段）。

《No me hagas sufrir》西班牙語，意謂「別讓我受苦！」

❸❾ 簡要
BREVITATIS CAUSA

苔枝綴玉

有翠禽小小

枝上同宿

——姜夔〈疏影〉

再好不過了，

於柳樹喃喃氛圍下，

長時間相依偎，靜靜，

勤奮苦讀，

小小本質事物的

祈禱書？

被口才便捷的禮貌

瞬間沉默寡言，

被白色番紅花無聲無息感動嗎？

覺得緊靠迷幻的瞳孔

是羞澀眼瞼的

柔細與和藹！

原註：簡要（Brevitatis causa），拉丁語，意謂
「簡要起見」。

姜夔（1155~1235, 譯按：應是1221年去
世），中國宋朝（960~1279）詞家。譯按：
「字堯章，號白石道人，饒州鄱陽人。中國
南宋詞人。父親姜噩。一生沒有做過官，家
貧，無立錐之地。精通音樂，會為詩，初學
山谷之江西詩派，後被歸類為江湖詩派。」
（引自維基百科）

番紅花（crocus），源自希臘語 kroko，即
safran。屬鳶尾科（Iridacées）球根草本植
物。春天開白色、淡紫色和黃色花。

㊵ 生命
LA VIE

Cor ad cor loquitor

心對心說話

——紐曼樞機箴言

埋在地下，

被雪覆蓋，

麥粒

保存生命之火。

讀書有時，

寫詩有時，

擦槍有時，

嫩枝長出來了

舉起泥塊的憂愁

朝向透明快樂

春天的

純光。

不可征服，

不可侵犯，

生命不尋常的

天真純潔！

原註：「心對心說話」是拉丁語，紐曼樞機（John
Henri Newman, 1801~1890）的箴言。紐曼
樞機原為聖公會牧師，1845年皈依羅馬天主
教。譯按：1879年被教宗擢升為樞機，不過
他並未被祝聖為主教，而是以司鐸品的身分
獲得樞機頭銜。

作者簡介

À PROPOS DE L'AUTEUR

　　阿沙納斯・凡切夫・德・薩拉西，已出版著作五十多部，涵蓋古典詩和自由詩各種詩體、一系列學術論文、及其博論《魏爾倫詩中光的象徵》。以保加利亞文撰寫關於伊壁鳩魯派貴族、尼祿親信、諷刺小說《薩蒂利孔》（Satyricon）作者佩特羅尼烏斯（Petronius，起居郎）的研究，用俄文寫碩論《杜思妥耶夫斯基作品中的詩學和形上學》。

　　對古代文物有深入研究，撰寫多篇有關希臘詩

和拉丁詩的論文。在突尼西亞兩年，連續推出三部著作，關於突尼西亞布匿克時代兩個城市：《摩納斯特／魯斯比納－光之臉》，《傑姆／蒂斯德魯－蔚藍的未婚妻》和《蒂斯德魯馬賽克》。住在敘利亞、土耳其、利比亞、沙烏地阿拉伯、約旦、伊拉克、埃及、摩洛哥和茅利塔尼亞期間，深受伊斯蘭教感動，潛心研究東方宗教史，把穆斯塔法・特拉斯（Mustafa Tlass）的歷史著作《芝諾比亞，巴爾米拉女王》（Zenobia, Queen of Palmyra）改寫為法文。

在俄國兩年（1993～1994）全副精力鑽研俄國詩。翻譯許多泰斗詩人的成果，獲得多項國內外詩獎：法国索倫扎拉（Solenzara）、俄羅斯普希金、阿尔爾巴尼亞納伊姆・胡拉瑟里（Naim Frashëri）、希臘亞歷山大大帝，以及烏克蘭的舍甫琴科（Chevtchenko）和果戈里詩獎等。

他是法蘭西學院桂冠詩人、保加利亞藝術科學

學院、巴西文學學院、烏克蘭高等教育學院、歐洲科學文學學院等會員，保加利亞大特爾諾沃（Veliko Tarnovo）大學和巴西文學學院榮譽博士，法國外交部桂冠詩人，法國筆會會員，法蘭西文學作家協會會員、作家文學之家會員，世界詩人運動組織會長、日內瓦環球和平大使。

榮獲保加利亞政府頒贈【蒼嶺】（Stara Planina）勳章。詩被翻譯成多種文字。

譯者簡介
BIOGRAPHIE DU TRADUCTEUR

　　台北工專畢業，1953年開始發表詩作，1976年成為英國國際詩人學會會員，1987 年參與成立台灣筆會，歷任理事、副會長、會長，2005～2007年擔任國家文化藝術基金會董事長。現任世界詩人運動組織副會長。

　　詩被譯成各種語文在日本、韓國、加拿大、紐西蘭、荷蘭、南斯拉夫、羅馬尼亞、印度、希臘、西班牙、巴西、蒙古、俄羅斯等國發表。

出版著作包括《李魁賢詩集》全六冊（2001年）、《李魁賢文集》全十冊（2002年）、《李魁賢譯詩集》全八冊（2003年）、翻譯《歐洲經典詩選》全25冊（2001~2005年）、《名流詩叢》20冊，及其他共一百多本。

　　獲1993年韓國亞洲詩人貢獻獎、1997年榮後台灣詩獎、1998年印度國際詩人年度最佳詩人獎、2000年印度國際詩人學會千禧年詩人獎、2001年賴和文學獎以及行政院文化獎、2002年印度麥氏學會（Michael Madhusudan Academy）詩人獎、2004年吳三連獎新詩獎、2005年蒙古文化基金會文化名人獎牌和詩人獎章、2006年蒙古建國八百週年成吉思汗金牌、成吉思汗大學金質獎章和蒙古作家聯盟推廣蒙古文學貢獻獎、2013年韓國高麗文學獎，2016年孟加拉卡塔克（Kathak）文學獎。

　　於2001年、2003年和2006年三度被印度國際詩人

學會和詩社提名為諾貝爾文學獎候選人。

　　參加韓國、日本、印度、蒙古、美國、薩爾瓦多、尼加拉瓜、古巴、智利、緬甸、孟加拉等國舉辦的國際詩歌節活動。

語言文學類　PG1527　名流詩叢20

我們，在主內永生！
——Nous, les immortels en Dieuk!

原　　　著／阿沙納斯・凡切夫・德・薩拉西(Athanase Vantchev de Thracy)
譯　　　者／李魁賢
責任編輯／林千惠
圖文排版／周妤靜
封面設計／楊廣榕

發 行 人／宋政坤
法律顧問／毛國樑　律師
出版發行／秀威資訊科技股份有限公司
　　　　　114台北市內湖區瑞光路76巷65號1樓
　　　　　電話：+886-2-2796-3638　傳真：+886-2-2796-1377
　　　　　http://www.showwe.com.tw
劃撥帳號／19563868　戶名：秀威資訊科技股份有限公司
　　　　　讀者服務信箱：service@showwe.com.tw
展售門市／國家書店（松江門市）
　　　　　104台北市中山區松江路209號1樓
　　　　　電話：+886-2-2518-0207　傳真：+886-2-2518-0778
網路訂購／秀威網路書店：http://www.bodbooks.com.tw
　　　　　國家網路書店：http://www.govbooks.com.tw

2016年5月　BOD一版
定價：200元
版權所有　翻印必究
本書如有缺頁、破損或裝訂錯誤，請寄回更換

國家圖書館出版品預行編目

我們,在主內永生! / 阿沙納斯.凡切夫.德.薩拉西(Athanase
　　Vantchev de Thracy)原著 ; 李魁賢譯. -- 一版. -- 臺北
　　市 : 秀威資訊科技, 2016.05
　　　　面 ;　　公分
　　BOD版
　　譯自 : Nous, les immortels en Dieuk!
　　ISBN 978-986-326-373-9(平裝)

875.51　　　　　　　　　　　　　　　　　　105004435

讀者回函卡

感謝您購買本書，為提升服務品質，請填妥以下資料，將讀者回函卡直接寄回或傳真本公司，收到您的寶貴意見後，我們會收藏記錄及檢討，謝謝！
如您需要了解本公司最新出版書目、購書優惠或企劃活動，歡迎您上網查詢或下載相關資料：http:// www.showwe.com.tw

您購買的書名：＿＿＿＿＿＿＿＿＿＿＿＿＿＿＿＿＿＿＿＿＿＿＿＿＿＿

出生日期：＿＿＿＿＿年＿＿＿＿＿月＿＿＿＿＿日

學歷：□高中 (含) 以下　　□大專　　□研究所 (含) 以上

職業：□製造業　□金融業　□資訊業　□軍警　□傳播業　□自由業
　　　□服務業　□公務員　□教職　□學生　□家管　□其它＿＿＿

購書地點：□網路書店　□實體書店　□書展　□郵購　□贈閱　□其他

您從何得知本書的消息？

　□網路書店　□實體書店　□網路搜尋　□電子報　□書訊　□雜誌
　□傳播媒體　□親友推薦　□網站推薦　□部落格　□其他＿＿＿＿＿

您對本書的評價：(請填代號　1.非常滿意　2.滿意　3.尚可　4.再改進)
　封面設計＿＿　版面編排＿＿　內容＿＿　文／譯筆＿＿　價格＿＿

讀完書後您覺得：

　□很有收穫　□有收穫　□收穫不多　□沒收穫

對我們的建議：＿＿＿＿＿＿＿＿＿＿＿＿＿＿＿＿＿＿＿＿＿＿＿＿

＿＿＿＿＿＿＿＿＿＿＿＿＿＿＿＿＿＿＿＿＿＿＿＿＿＿＿＿＿＿＿＿

＿＿＿＿＿＿＿＿＿＿＿＿＿＿＿＿＿＿＿＿＿＿＿＿＿＿＿＿＿＿＿＿

＿＿＿＿＿＿＿＿＿＿＿＿＿＿＿＿＿＿＿＿＿＿＿＿＿＿＿＿＿＿＿＿

11466
台北市內湖區瑞光路 76 巷 65 號 1 樓
秀威資訊科技股份有限公司　　　收
BOD 數位出版事業部

....

（請沿線對折寄回，謝謝！）

姓　　名：＿＿＿＿＿＿＿＿＿　年齡：＿＿＿＿　性別：□女　□男

郵遞區號：□□□□□

地　　址：＿＿＿＿＿＿＿＿＿＿＿＿＿＿＿＿＿＿＿＿

聯絡電話：(日) ＿＿＿＿＿＿＿＿＿　(夜) ＿＿＿＿＿＿＿＿＿

E-mail：＿＿＿＿＿＿＿＿＿＿＿＿＿＿＿＿＿＿＿＿